Perles de riches

Des mêmes auteurs, aux éditions Leduc.s Humour :

- ***Perles de Chirac*, 2019.**
- ***Perles de De Gaulle*, 2019.**
- ***Perles de Clemenceau*, 2018.**
- ***Perles de Churchill*, 2018.**

Avec la collaboration de Susie Jouffa.

Correction : Valérie Gios
Maquette : Le Petit Atelier
Design couverture : Antartik
Illustrations : Hélène Crochemore

10, place des Cinq-Martyrs-du-Lycée-Buffon
75015 Paris – France
ISBN : 978-2-36704-268-8

François Jouffa & Frédéric Pouhier

Perles de riches

LEDUC.S
HUMOUR

Sommaire

« J'aime les gens qui vivent au-dessus
de leurs moyens, qui jettent l'argent
par les fenêtres, les aventuriers [...].
Je déteste les riches qui vivent
au-dessous de leurs moyens. »

KARL LAGERFELD

Introduction

Bienvenue dans un monde où tout n'est qu'ordre et beauté, luxe, calme et volupté. Un univers feutré où se croisent, sur d'épais tapis, mannequins, comédiens, têtes couronnées, rentiers, mondains, demi-mondains ou industriels. Des villas, des palaces, des marinas privées, des lieux de rêve où les prestations dépassent l'entendement avec leurs personnels au petit soin et leurs caves garnies de grands crus. Bienvenue dans le monde secret des riches et ultra-riches.

Passons ensemble, si vous le voulez bien, la porte des plus beaux palaces de la planète. Pour y déguster un déjeuner dans un restaurant étoilé ? Pour s'y détendre dans un spa somptueux ? Pour y passer une nuit de rêve dans une suite avec vue sur la Méditerranée ? Rien de tout cela, non, mais pour y écouter ses conversations volées, ses vacheries, ses caprices de stars et ses gaffes les plus drôles. Depuis des années, nous arpentons, avec délice, ces endroits hors normes pour vous offrir ces perles de riches garanties 5 étoiles...

F.P.

Introduction

PALACE, ÇA, C'EST PALACE !

Avez-vous déjà passé une nuit dans un vrai palace ? Non ? Vous ne savez pas ce que vous ratez. Alors oui, c'est vrai, une nuit dans un de ces établissements coûte un Smic, mais la moquette y est si épaisse, la literie si confortable, le personnel si avenant et prêt à vous rendre tous les services. Il y a, en France, 31 palaces, dont 12 à Paris et 9 sur la Côte d'Azur. Nous les avons tous fréquentés pour y récolter ces perles, anecdotes et tranches de vie. Je profite de cette courte introduction pour prévenir le service comptabilité de mon très cher éditeur qu'il va recevoir, dans les prochains jours, une série de notes de frais relativement élevées concernant les recherches *in situ* que nous avons dû réaliser, des semaines durant, dans ces établissements de rêve. Mais bon, l'humour n'a pas de prix ! N'est-ce pas ?

– Je ne descends plus
au Martinez,
à Cannes, depuis que
le leader de la CGT
porte le même nom
que l'hôtel.

– *Nous avons réservé une chambre*
avec vue sur la mer. Or, il est
impossible de voir la mer,
elle est cachée par un gros palmier.
Il faut absolument le couper.

CAPRICE DE STAR

Madonna, lors d'un séjour dans un hôtel berlinois, a exigé que sa chambre soit entièrement refaite, qu'une lunette et un couvercle flambants neufs soient installés dans les toilettes, qu'on mette à sa disposition 500 bouteilles d'eau de la marque Kabal, qu'une salle de sport à vitres teintées soit installée et, enfin, que la piscine de l'hôtel soit évacuée lorsqu'elle souhaiterait se baigner.

– Je n'aime pas du tout la couleur de la peinture de ma suite. Je suis absente cet après-midi, cela vous laisse-t-il assez de temps pour la repeindre ?

- Concierge, pouvez-vous me procurer quelques grammes de marijuana ? Comment ça ? Ne dites pas n'importe quoi, depuis quand est-ce de la drogue ? Ce sont des herbes médicinales.

Un client canadien demande à un concierge :

– Est-il possible de privatiser Notre-Dame de Paris pour y organiser une soirée ?

Un oligarque russe interpelle le directeur d'un palace suisse :

– Monsieur le directeur, votre personnel refuse que mon garde du corps porte sa Kalachnikov dans l'hôtel sous prétexte que cela fait peur aux clients. C'est idiot, cela devrait les rassurer.

Une ado appelle la réception d'un grand hôtel parisien :

– Avez-vous un chargeur iPhone à me prêter ?

– Il y en a un dans chaque chambre, dans le tiroir du bureau.

– Oui, je sais, mais je vous l'ai déjà volé. Je ne vais tout de même pas défaire ma valise pour le retrouver.

Un homme se vante auprès d'un ami :

– Je suis dans la Suite Présidentielle. Kennedy y a, paraît-il, dormi une nuit. Ça t'épate ?

– Ça m'épate d'autant plus que l'hôtel a à peine 10 ans.

Une vieille dame se plaint à une amie :

– Je regrette l'époque où il y avait encore des liftiers dans les palaces. Maintenant, il faut, nous-mêmes, appuyer sur le bouton de l'ascenseur.

– Tout se perd.

Un maître d'hôtel accueille un « nouveau riche » :

– Dans notre cuisine, la brigade est composée de 10 personnes.
– Ah oui ! Vous avez engagé des gendarmes pour faire la cuisine ?

Un matin, un client de palace appelle la réception et demande :

- Pourriez-vous demander à l'église du village de ne pas faire sonner ses cloches le matin. On est dimanche, après tout !

Une cliente italienne s'énerve à la réception :

- Mais, puisque je vous dis que je suis du signe du Poisson, j'ai besoin d'une vue mer. C'est vital.

– Allô, je suis le client de la chambre 302. J'ai dû partir en coup de vent ce matin et j'ai oublié quelque chose dans ma chambre.

– Quoi donc, Monsieur ?

– Ma compagne.

CAPRICE DE STAR

Lorsqu'il séjourne dans un palace, le chanteur américain Justin Timberlake exige que les poignées de toutes les portes de sa suite soient désinfectées toutes les heures.

– Dites-moi ? Les toilettes de la chambre ont-elles déjà été utilisées ?
– Oui, mais nous les nettoyons tous les jours.
– Oui, mais ça me dégoûte quand même !

Un client russe prévient le directeur d'un palace :

– Je reviens le week-end prochain dans votre établissement, mais cette fois, avec ma femme. J'espère que je peux compter sur le professionnalisme et la discrétion de votre personnel. Je ne veux pas entendre un seul « vous êtes de retour ».

– Est-il possible de faire un feu de cheminée dans ma chambre ?
– Je suis sincèrement désolé, mais il n'y a pas de cheminée dans nos chambres.
– Alors, est-il possible d'installer une cheminée, juste pour le week-end ?

Une cliente, en colère, au moment de son *check-out* :

– Mon chien n'a pas apprécié son séjour, sachez-le. Nous allons nous plaindre à la direction.

Un homme demande à la réception :

– Je travaille pour l'Émir, il demande que l'eau de ses toilettes soit de l'eau minérale.

Deux riches clientes âgées prennent le thé au *Crillon*.

– Il paraît que cet hôtel est hanté.

– Tant mieux, ça fait bien longtemps que quelqu'un ne m'a pas visitée de nuit dans ma chambre.

TOP 3

DES DEMANDES LOUFOQUES À UN CONCIERGE DE PALACE :

1. Prévenez le chef que je ne mange que les cuisses droites de poulet. Rien d'autre.
2. Vous servez de la soupe de crocodile ?
3. Mon client russe est fan de Fort Boyard. Pouvez-vous le lui louer quelques heures... avec les nains.

Un Saoudien à un concierge de palace parisien :

– Pouvez-vous nous organiser une partie de chasse dans les jardins de Versailles ?

– Room service ? Avez-vous quelqu'un de disponible pour venir lire une histoire à ma fille ?

–J'ai l'impression que même l'oxygène est de meilleure qualité dans ce palace.

Dans le lobby du *Crillon*, une maman dit à sa petite fille :

–Tu vois le concierge, là-bas, il a les clefs d'or sur sa veste. Ça veut dire qu'il peut réaliser toutes tes demandes.

–Je veux une licorne rose ! Je veux une licorne rose !

QUIZ

Quel célèbre chanteur-compositeur s'enferma 800 jours dans une suite du Royal Monceau, entre 1989 et 1991, et y enregistra un album sans jamais quitter l'établissement ?

1. Johnny Hallyday
2. Justin Bieber
3. Michel Polnareff
4. Jean Ferrat

Réponse : 3, Michel Polnareff. Il y enregistra son album « Kama Sutra ».

– Tu as l'air fatigué.
– Oui. Je n'ai pas réussi à fermer l'œil de la nuit.
– Comment cela se fait-il ?
– En fait, j'ai commencé à réfléchir à combien de personnes avaient déjà fait l'amour dans ce lit. Impossible de trouver le sommeil après.

Une cliente allemande demande au concierge d'un palace parisien :

– On m'a parlé d'un truc à voir absolument dans votre ville.
Savez-vous de quoi il s'agit ?

- Voiturier ! Allez chercher ma Porsche, s'il vous plaît !
- Monsieur, si je me souviens bien, vous êtes arrivé en Renault.
- Oui, c'est vrai. J'aurai essayé !

Une Américaine ronchonne en visitant sa chambre dans un palace :

– Il y a trop de bougies. C'est une salle de bains pas un temple satanique.

– J'ai rencontré ma première épouse dans ce palace, mais vous voyez, je ne suis pas rancunier, je continue à y séjourner.

Une cliente anglaise se plaint au réceptionniste :

– Les photos de l'hôtel ne correspondent pas exactement à la réalité. Vous les avez « photoshopées » ?

– Mon lit est tellement grand qu'il me faut un GPS pour trouver la sortie.

Une vieille Italienne se plaint à la réception du *Carlton* :

– Votre sauna est bien trop chaud et votre hammam bien trop humide !

CAPRICE DE STAR

Amis hôteliers, vous le savez, le calme et la sérénité ne sont pas du tout compatibles avec le rock. Keith Moon, le légendaire batteur de The Who, pour se distraire, a fait exploser les toilettes de sa chambre d'hôtel à la dynamite. Un autre jour, sur la route de l'aéroport, le musicien tient soudainement à retourner à son hôtel, prétextant avoir « oublié quelque chose ». Une fois arrivé dans sa chambre, il jette la télévision dans la piscine et, selon la légende, soupire : « j'ai failli oublier ».

Une femme hurle au téléphone après son assistante :

– Je t'avais demandé un hôtel place Vendôme, pas à Vendôme !

À la réception d'un palace :

– Mon fils aimerait avoir un grand sapin de Noël dans sa chambre.
– En plein mois de juillet ?
– Oui, c'est un garçon très créatif, je ne veux pas le brider.

Un manager fait visiter son hôtel à une riche cliente américaine.

- Cette suite a été décorée dans le plus pur style contemporain français.
- Vous auriez du contemporain mais un peu moins contemporain ?

Une cliente appelle l'hôtel, un peu honteuse :

– J'ai oublié dans ma chambre un… un objet longiligne en plastique qui sert à se détendre. Une sorte d'instrument de massage à pile, vous voyez…

– Oui, ne vous inquiétez pas. Nous vous enverrons votre vibr… votre instrument de massage par la Poste.

Deux femmes d'un certain âge discutent dans le lobby d'un palace parisien :

– Ça ne serait pas un champion du monde de foot à la réception ?
– Un nouveau ou un vieux de 98 ?

INCROYABLE MAIS VRAI !

Quelques mois après son inauguration en 1889, le Savoy de Londres accueille un pensionnaire de choix, l'écrivain Oscar Wilde. Ce dernier y séjourne quelques mois avant d'être mêlé à une affaire de mœurs au sein du palace. Ce scandale confère encore au Savoy une réputation un brin sulfureuse.

Un client demande à un concierge :

–Je crois que c'est notre anniversaire de mariage ce week-end, mais je n'en suis pas sûr. Pouvez-vous, discrètement, demander à ma femme sa date de mariage ? Dites-lui que vous avez besoin de l'information pour vos fichiers.

Folle de rage, une Américaine débarque à la réception.

–J'ai été piquée par un moustique dans le jardin de l'hôtel. Vous pourriez tout de même engager un chasseur pour les tuer. Vous aurez des nouvelles de mon avocat.

Un client demande à un maître d'hôtel :

-Pourquoi ce monsieur est-il accompagné de gardes du corps?
-Le client est roi.
-Je sais que chez vous le client est roi.
-Non, Monsieur, je veux dire que ce client est vraiment roi. C'est le souverain de la Suède.

Un client à un voiturier :

– Prenez soin de ma Lamborghini. Elle m'a coûté l'équivalent de 150 ans de votre salaire, primes incluses.

Une femme demande au concierge :

– Je cherche un chauffeur qui ne boit pas. Je ne veux pas finir comme Lady Di.

DANS UN PALACE, ON NE DIT PAS :
C'EST UN JOLI BOUQUET DE FLEURS.
ON DIT : C'EST UNE MISE EN SCÈNE FLORALE RENVERSANTE.

– Pouvez-vous me réserver une table au Lido pour ce soir ?
– Bien sûr, Monsieur.
– Par contre, je serai accompagné de riches clients saoudiens. Pourriez-vous demander que les danseuses ne soient pas trop dévêtues ?

–Allô, le room service ?
Pourriez-vous me réveiller
dans 3 minutes ?
–Dans 3 minutes, Madame ?
–Oui, je suis une adepte
des microsiestes.

– Cet hôtel a baissé en gamme.
Il y a de moins en moins
d'industriels et de plus en plus
de footballeurs professionnels.

Un homme demande au manager général :

– Je sais que ma demande va vous paraître ridicule, mais mon épouse a eu une petite carrière d'actrice à la fin des années 1960. Pourriez-vous demander à votre personnel de faire semblant de la reconnaître, lui demander des autographes et de faire quelques selfies avec elle ?

Un client s'adresse à une femme de chambre :

-Madame, s'il vous plaît, apportez-moi L'Équipe.
La femme de chambre réunit alors le personnel de l'étage et frappe à la porte du client.
-Voici l'équipe, Monsieur.
-Mais... Non, répond le client, le journal L'Équipe!

CAPRICE DE STAR

Lorsqu'il était en couple avec Kate Moss, Johnny Depp a dû payer plus de 9 700 $ de facture après avoir littéralement ruiné sa chambre d'hôtel. Mais, selon le couple, cela n'avait rien à voir avec une violente dispute. Ce n'était pas de leur faute mais celle d'un tatou qui avait pénétré dans leur suite.

– Quelle est l'adresse du George V?
– Avenue George-V.
– Ils ont donné à la rue le même nom que l'hôtel, c'est dire s'il est chic !

- Vous faites dormir vos clients sur un canapé et vous appelez ça une suite ? C'est honteux !
- Monsieur, la chambre à coucher se trouve derrière les portes battantes.

- Ce que j'aime dans cet hôtel, c'est son centre de fitness.
- Mais tu ne fais jamais de sport.
- C'est vrai. Mais si l'idée me prenait de m'y mettre, le centre est ouvert 24 h/24.

– Vous avez un parking très confortable.
– Merci, Monsieur.
– C'est très important pour moi. Je ne dis pas que je préfère ma Ferrari à ma femme. Mais ma voiture ne dormira jamais, ne serait-ce qu'une nuit, dehors.

TOP 3

DES DEMANDES LOUFOQUES À UN CONCIERGE DE PALACE :

1. Quelqu'un peut-il m'apprendre le chinois en une heure ? J'ai une réunion très importante avec des investisseurs de Pékin.
2. Mes enfants adorent les pandas, pouvez-vous m'en fournir un ou deux, le temps d'un week-end ?
3. Il faut absolument que vous fassiez quelque chose contre les ronflements de mon mari.

Une femme demande à la réception d'un palace :

– Avez-vous la possibilité de couper le Wi-Fi dans tout l'hôtel, ne serait-ce qu'une heure ? J'ai besoin d'avoir une conversation avec mon ado.

Une cliente demande à la réception du *Ritz* :

– Est-ce que quelqu'un est déjà mort dans cette chambre ? Vous pouvez faire des recherches dans votre historique ?

-Certes, votre hôtel est bien placé dans le centre de Paris, mais il manque quand même la vue sur la mer.

– *Je vois qu'il est interdit de fumer dans le bar de l'hôtel, mais peut-on y fumer des cigares ?*

- Puis-je vous proposer la suite « rooftop » ?
- Non, je suis victime de vertige. Avez-vous une suite rooftop au rez-de-chaussée ?

INCROYABLE MAIS VRAI !

Dans le sud de la France, un client qui avait réservé une chambre dans un palace en avait réservé une seconde en secret. Pour quelle raison ? Loger une maîtresse ? Non, pour pouvoir manger un grand pot de crème glacée, en cachette, sans que sa femme ne lui fasse des reproches.

Un directeur d'hôtel fait la visite de son palace à un riche client.

- Dans notre work-center, vous trouverez tout ce dont vous avez besoin, photocopieuse, scanner, fax...
- Un fax ? À qui voulez-vous que j'envoie un fax ? À un client de 1995 ?

DANS UN PALACE, ON NE DIT PAS : NOUS N'AVONS PAS REFAIT LA DÉCO DEPUIS 20 ANS.
ON DIT : LE LUXE, C'EST AVANT TOUT UNE QUESTION D'INTEMPORALITÉ.

CAPRICE DE STAR

La comédienne Lindsay Lohan est bannie, depuis 2012, du palace hollywoodien le Château Marmont après y avoir laissé plus de 46 000 dollars de notes impayées.

– Nous mettons à la disposition de nos clients une femme de chambre privée s'ils le souhaitent.
– Ça ne sert pas à grand-chose, mais c'est ça le luxe.

– Allô, vous êtes le directeur ?
– Oui, Monsieur, que puis-je pour vous ?
– Je suis Monsieur Taylor. Ma femme vient de trouver la facture de votre hôtel où je suis descendu avec ma... maîtresse. Une grosse facture avec room service, dîner aux chandelles, champagne... Elle va probablement vous appeler. Dites-lui que c'est une erreur de votre part.

Une Américaine interpelle le directeur d'un hôtel de luxe :

–Il y a un tapis dans ma chambre. Je suis vegan, j'exige que vous me l'enleviez.
–Bien, Madame, mais c'est de la laine de mouton, l'animal ne souffre pas lorsqu'on le tond.
–C'est facile de dire cela pour vous. Vous êtes chauve, personne ne viendra vous tondre pour en faire un tapis.

À la réception, au moment de payer la note…

–Je n'ai pas de carte bleue. Je peux vous laisser un de mes enfants en gage, le temps d'aller chercher du liquide ?

– *Cet hôtel est désert. J'ai l'impression de séjourner dans un remake de Shining.*

Un homme élégant arrive à l'accueil d'un hôtel de luxe avec une jeune femme.

- Est-il possible de vous louer une chambre pour deux heures ?

La jeune femme ajoute :

- Deux heures, ça me paraît bien optimiste.

Un client, particulièrement âgé, interpelle un membre du personnel :

- Cette suite est, certes, immense, mais il n'y a ni lit ni canapé.
- Monsieur Smith, vous êtes dans la *conference room*. Votre chambre est au 2e étage.

CAPRICE DE STAR

L'industriel français, Marcel Dassault, était un fidèle client du palace suisse, le Gstaad Palace. Hôtel qu'il rejoignait par la route à bord de deux Cadillac, l'une pour lui et les bagages, l'autre pour sa femme et leurs deux chiens. Amateur d'opérette, l'homme d'affaires a, un jour, demandé que le chanteur Marcel Amont vienne interpréter devant lui la chanson « Le Chapeau de Mireille » qu'il appréciait tout particulièrement. L'hôtel a immédiatement contacté le chanteur, en pleine tournée en Bretagne. Amené à Gstaad en jet privé, Marcel Amont a donné un concert privé de moins d'une heure pour M. Dassault avant de repartir en Bretagne par le même avion.

Une femme raconte à une femme de chambre :

– Un homme a frappé à ma porte toute la nuit.
– Pourquoi n'avez-vous pas appelé la sécurité ?
– Parce que j'étais flattée. Cela faisait bien longtemps que l'on ne m'avait pas harcelée.

TOP 3

DES DEMANDES LOUFOQUES À UN CONCIERGE DE PALACE :

1. Ma fille a besoin d'une baby-sitter pour garder son poupon en plastique.
2. Pourriez-vous surveiller si ma femme discute avec des hommes lorsque je m'absente ?
3. J'ai perdu mon alliance. Pourriez-vous m'en faire livrer une identique au plus vite ?

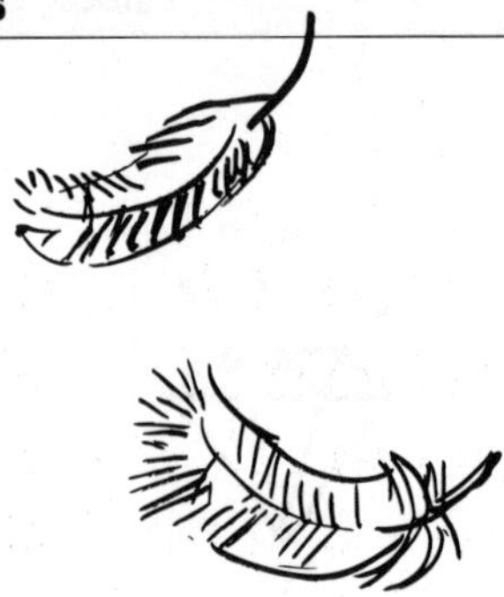

– Je suis vegan, j'espère
que vos couettes ne sont pas
en plumes d'oie.
– Si, elles le sont, j'en ai bien peur.
Nous allons vous les changer.
– Non, laissez, elles ont l'air
tellement confortables.

– Dans les années 1950, de grands écrivains séjournaient dans cet hôtel. Maintenant, ce sont des stars de la téléréalité. Ça en dit long sur la décadence de notre civilisation.

DANS UN PALACE, ON NE DIT PAS : LE CLIENT EST RENTRÉ COMPLÈTEMENT BOURRÉ À TROIS HEURES DU MAT ! ON DIT : LE CLIENT ÉTAIT FORT JOYEUX QUAND IL A REGAGNÉ SA CHAMBRE.

À la réception d'un palace…

– Est-il possible d'avoir un carré d'herbes fraîches de quelques mètres carrés sur ma terrasse ?

– Bien sûr. Vous aimez la nature ?

– Non, c'est pour Jano.

– Jano ?

– Le lapin nain de ma fille.

Une responsable du room service appelle son directeur :

- La cliente de la 67 demande un bain en chocolat.
- Vous êtes sûr que ce n'est pas un pain au chocolat ? Je sais qu'elle est un peu enrhumée en ce moment.

- Je vais vous installer dans la « Junior suite ».
- J'ai 75 ans, ça fait bien longtemps qu'on ne me classe plus dans la catégorie « junior ».

– Concierge, c'est un peu délicat à demander, mais j'aimerais de la compagnie, ce soir, pour mon patron russe.

– Monsieur, nous ne fournissons pas ce genre de service.

– Ce n'est pas du tout ce que vous croyez, c'est juste pour lui tenir compagnie en tout bien tout honneur. Alors, choisissez-la dans les 20 ans, fine, blonde, sexy et avec une grosse poitrine.

– Je suis désolé, nous avons un léger retard. Je ne vais pas pouvoir vous donner votre chambre avant une petite heure.

– C'est une honte ! Ce n'est pas professionnel de faire attendre les clients ! Je suis un cadre dirigeant de la SNCF.

Un client se justifie auprès du directeur d'un palace :

– Je pensais que l'on pouvait voler certaines choses dans les hôtels.

– Des shampooings et gels douches, oui, mais pas le téléviseur.

Un client, au voiturier de l'*Hôtel de Paris* à Monaco :

– Je ne vois pas pourquoi je devrais passer après le Prince Albert pour avoir ma voiture. Ne dit-on pas, chez vous, que le client est roi ? Alors, techniquement, un roi est au-dessus du Prince.

- Marcel Proust a séjourné dans cette chambre.
- J'espère que vous avez changé les draps depuis !

Une réceptionniste appelle le directeur de l'hôtel :

– Monsieur le Directeur,
je suis embêtée pour faire la facture
de la chambre 103.
– Celle de l'évêque ?
– Oui. Il en a pour 170 euros
de films… disons, pour adultes.
C'est probablement une erreur.
– Non, à chacun de ses séjours,
il en consomme beaucoup.
C'est, disons… un cinéphile.

Un homme se plaint à la réception :

- Mon robinet a fait floc-floc toute la nuit. Je n'ai dormi que 2 heures. Remboursez-moi !
- Monsieur, pourquoi ne nous avez-vous pas appelés ?
- Parce qu'en général, le bruit de l'eau soigne mes insomnies.

- Quel est le code Wi-Fi ?
- Ne quittez pas, je vais me renseigner.
- Ok, tout attaché ou pas ?

–Allô, room service? Je sais qu'il est 3 heures du matin, mais pouvez-vous me préparer une petite collation? Quelque chose de simple, ne vous cassez pas la tête. Quelques langoustes grillées au feu de bois feront l'affaire.

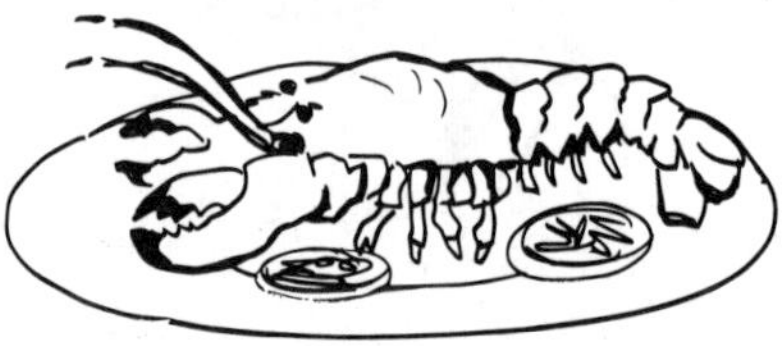

Un Russe appelle le room service:

–Pouvez-vous me réveiller à 7 h 30?

–Bien sûr, Monsieur.

–Ne vous formalisez pas si je vous insulte au téléphone, je ne suis pas du matin.

Un agent de star appelle un hôtel pour y réserver une chambre :

– Ma cliente demande que tous les miroirs de sa suite soient enlevés et remplacés par des portraits d'elle… jeune.

Le palace suisse, le Gstaad Palace, a révélé qu'un riche aristocrate français, fidèle de l'établissement, a exigé pour son chat adoré non pas des croquettes mais du caviar. 50 grammes par jour, sans compter de la sole et du tournedos de bœuf.

CAPRICE DE STAR

Si vous recevez dans votre hôtel David Hasselhoff, l'ancienne star d'*Alerte à Malibu* et de *K2000*, il vous demandera d'accrocher un portrait de lui grandeur nature au-dessus de son lit !

INCROYABLE MAIS VRAI

Dans un cinq étoiles parisien, une cliente a soigneusement défait le cadre d'une lithographie numérotée de Jean Cocteau et a repeint le carton resté en dessous à la façon de l'artiste avec un tube de rouge à lèvres.

Un directeur fait visiter son hôtel à un journaliste particulièrement exigeant.

-Le Shah d'Iran a séjourné dans cette suite.
-Eh bien, il faudra penser à changer la litière, l'odeur est très incommodante.

Un homme se plaint à la réception d'un grand hôtel parisien :

– Il faut nous changer de chambre. Le jeune couple de la chambre d'à côté n'arrête pas de faire l'amour. J'ai peur que cela donne des idées à ma femme.

INCROYABLE MAIS VRAI !

Un jour, le milliardaire Aga Khan téléphone au Gstaad Palace pour annoncer sa venue dans la très chic station suisse le lendemain. Problème, le palace affiche complet. Pour ne pas déplaire à ce prestigieux client, l'hôtel, en une nuit, fit transformer une grande salle de bains inutilisée en luxueuse chambre, avec un lit construit sur mesure par le menuisier de l'hôtel, sur la baignoire.

L'assistant d'un richissime Qatari demande au directeur de l'hôtel :

- Pour l'anniversaire de son fils, le prince voudrait privatiser tout l'hôtel.
- Ça me paraît compliqué mais je vais voir ce que je peux faire. À quelle date ?
- Demain.
- Mais l'hôtel est déjà aux trois quarts plein.
- Ne vous inquiétez pas, le prince indemnisera tous les clients. Au pire, ses gardes chasseront les récalcitrants.

Un homme d'affaires demande à la réception :

- Ma jeune assistante et moi-même souhaiterions deux chambres attenantes pour... travailler plus facilement à toute heure de la nuit.

Un Américain interroge un concierge d'un palace parisien :

– J'ai pris un taxi depuis l'aéroport. Il n'arrêtait pas de hurler « connard » au volant. Est-ce une façon de saluer les autres automobilistes, dans votre pays ?

–Bonjour, j'aimerais louer une chambre pour l'après-midi afin de travailler des dossiers avec mon assistante… des dossiers urgents.
–Vous n'avez pas à vous justifier, Monsieur.
–Me justifier de quoi ? Dites-lui, Pamela, que nous avons… des dossiers à travailler.

Un homme appelle le room service :

–Allô, c'est ma nuit de noces. J'ai besoin d'un verre d'eau fraîche toutes les heures, de 23 heures à 6 heures du matin.

INCROYABLE MAIS VRAI !

Le plus grand hôtel du monde se situe dans le quartier d'Izmaïlovo à Moscou. L'Hôtel Izmaïlovo compte pas moins de 7 500 chambres réparties dans 4 bâtiments.

Un client appelle la réception à 3 heures du matin :

– Vos draps sont bien trop blancs. Je n'arrive pas à y trouver le sommeil.

Une Américaine demande au maître d'hôtel :

-Avez-vous de la crème glacée qui fait maigrir ?

Un homme appelle le room service :

– J'ai promis à ma femme un bain au champagne mais mettez du mousseux, c'est moins cher et elle ne verra pas la différence.

CAPRICE DE STAR

Kanye West est un habitué des caprices de star dans les palaces. Quand le mari de Kim Kardashian descend dans un hôtel de luxe, il faut qu'il trouve dans sa chambre : des vases cylindriques, du fil dentaire à la menthe, des serviettes de couleur noire et 13 bouteilles d'alcool, pas une de plus, pas une de moins.

L'ADDITION, S'IL VOUS PLAÎT !

Vous avez une petite faim et un gros portefeuille ? Alors, allons déjeuner ensemble. Mais pas n'importe où, cela va de soi. Et si nous réservions une table au restaurant du Plaza Athénée ? Le chef, Alain Ducasse, nous a préparé des endives normandes au caviar doré et un sublime turbot, moules de bouchot et pomme de terre. Le prix ? Peu importe, quand on aime, on ne compte pas. Mais prévoyez tout de même un billet de 500 euros par personne, voire plus si vous désirez accompagner vos plats d'un verre de vin. Passons à table avec ces perles de restaurants et bars de luxe. À consommer sans modération.

Une femme d'un certain âge chuchote à l'oreille du maître d'hôtel :

-La serveuse est bien trop jolie. J'aimerais en avoir une autre, pour une fois que je dîne en tête-à-tête avec mon époux.

Dans un grand restaurant gastronomique de la Riviera, un client impatient appelle un jeune serveur :

– J'attends depuis plus de 30 minutes ! Dites au chef de mettre le turbo !

– Le turbot, Monsieur ? Mais nous n'en avons pas à la carte. Une sole vous conviendrait-elle ?

Au petit déjeuner, une cliente demande au maître d'hôtel :

– Vos œufs sont-ils issus de poules heureuses et épanouies ?

Au bar de l'hôtel…

- Est-ce que vous avez un cocktail détox mais avec beaucoup d'alcool dedans ?

Dans un restaurant gastronomique, un homme interroge son ami :

– Pourquoi sors-tu toujours un carnet quand tu déjeunes ?
– Parce qu'une fois, un restaurateur m'a pris pour un inspecteur du guide Michelin. Autant te dire que je me suis régalé pour pas cher.

Un homme chuchote à un maître d'hôtel :

– Dites-moi, mon vieux, vous avez des cigares cubains ?
– Bien sûr, Monsieur, mais pourquoi chuchotez-vous ?
– Parce que je suis citoyen américain et que c'est interdit pour moi !

INCROYABLE MAIS VRAI !

L'omelette la plus chère du monde vous coûtera 730 euros. Vous pourrez la déguster au restaurant Norma's de Manhattan. Elle se compose d'œufs brouillés, de homard et de 10 grammes de caviar.

–Je suis au régime. Je peux avoir une bouillabaisse sans sauce?

Un client interpelle le maître d'hôtel:

–Il y a un problème avec votre sole meunière.
–Lequel, Monsieur?
–Elle a un goût de poisson.

-Je souhaite changer de majordome.
-Pourquoi, Madame ?
-C'est le sosie de mon ex-mari. Dès que je l'aperçois, je sens monter la haine en moi.

Un Anglais demande à un barman :

– Vous avez du whisky turc ?
– Je ne crois pas, mais je vais me renseigner.
– Inutile, ça doit être très mauvais.

- Il y a bien trop de caféine dans vos cafés.
- Je peux vous proposer un thé.
- Non ! Vous y mettez trop de théine !

- Excusez-moi, Monsieur, il est interdit de fumer dans cet établissement.
- Mais, Monsieur, je ne fume pas, je déguste un havane.

– J'ai relu *Paris est une fête* de Hemingway, attablé à la terrasse du Ritz.
– C'est vrai ?
– Oui, enfin, je l'ai feuilleté. Mais j'étais bien à la terrasse du Ritz.

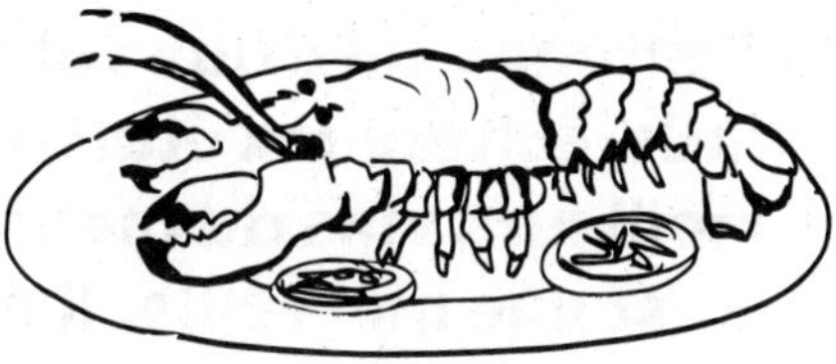

–Ce vin est bouchonné. Il est imbuvable. Il ne faudra pas me le facturer.
–Mais, Monsieur, vous avez fini la bouteille.
–C'est juste parce que je n'aime pas gâcher.

« À quoi reconnaît-on un bon restaurant ? Les verres à vin y sont plus grands que les verres à eau. »

FRÉDÉRIC BEIGBEDER

Un client à un sommelier :

– J'ai entendu dire que votre grands-échezeaux était un des meilleurs vins du monde.
– Oui, c'est une merveille. Il nous en reste justement une bouteille.
– À combien est-elle ?
– 1 500 euros, Monsieur.
– Parfait ! Je vais vous prendre le côtes-du-rhône à 45 euros.

Un serveur prend la commande d'une riche Américaine.

– Je vous conseille notre souris d'agneau.
– What! Are you fucking crazy! Je ne vais pas manger un rongeur!

– Bonsoir, je suis le chef de ce restaurant. J'espère que le dîner vous a plu ?
– C'était absolument parfait. Sauf, peut-être, le hors-d'œuvre, l'entrée et le plat principal. Vous féliciterez le pâtissier.

– Les pianos-bars ont le don de me déprimer. Du coup, je consomme plus d'alcool. C'est un cercle vicieux.

- Votre cuisinier est-il un bon cuisinier ?
- Il fait partie du gratin du métier.
- Oui, mais à part le gratin, quelle est sa spécialité ?

Une cliente américaine à un serveur :

– Je rêve depuis des années de manger des escargots au beurre. C'est si typique de la France.
– Je suis désolé, Madame, nous n'en avons pas à la carte.
– Vous avez du beurre ?
– Oui.
– Vous avez un parc dans l'hôtel ?
– Oui.
– Alors, allez me chercher des escargots. Ce n'est pas si compliqué que cela, tout de même !

Un client demande à un jeune serveur inexpérimenté :

– D'où vient ce vin si délicat?

– De la cave au sous-sol, Monsieur.

INCROYABLE MAIS VRAI !

Le café le plus cher de Paris se trouve au palace, le Royal Monceau. L'expresso y est facturé 11 euros.

Un client mécontent interpelle un maître d'hôtel :

–Je déteste critiquer, mais ce plat est un tout petit peu immonde.

–Que me conseilleriez-vous de choisir sur votre menu pour quelqu'un qui n'a pas faim ?

-Maître d'hôtel, pouvez-vous demander au pianiste de ne pas jouer de Debussy. Ça ne se marie pas du tout avec le plat que j'ai commandé.

– Je suis végétarienne mais je n'ai rien contre un homard de temps en temps.

- Je ne bois que de l'eau pure issue de la fonte des glaciers. Pour moi, le réchauffement climatique est une vraie bénédiction.

- Depuis qu'il passe dans *Top Chef*, je ne fréquente plus son restaurant, c'est devenu trop grand public.

DANS UN RESTAURANT 5 ÉTOILES, ON NE DIT PAS : NOTRE RESTAURANT VOUS PROPOSE DES MENUS VARIÉS. ON DIT : VOUS ALLEZ VIVRE, AVEC NOUS, UNE VÉRITABLE EXPÉRIENCE CULINAIRE.

Dans un restaurant étoilé londonien, le maître d'hôtel interroge un client :

– Que voulez-vous que le pianiste joue ?

– J'aimerais qu'il joue à *Candy Crush* et qu'il arrête de massacrer du Chopin.

« J'aime bien les restaurants gastronomiques, mais je ne donnerais jamais de pourboire à un maître d'hôtel qui goûte mon vin, qui vole mes mégots et qui brûle mes bananes. »

Patrick Sébastien

Deux petites vieilles prenant le thé au bar du Meurice discutent d'une de leurs connaissances :

– Ça fait longtemps qu'il perd la tête.

– Ah bon ?

– Oui, figurez-vous qu'il a voté François Hollande en 2012 !

Un maître d'hôtel s'adresse discrètement à une riche cliente :

-Madame, je suis désolé, les clients du restaurant sont importunés par votre parfum. Pouvez-vous cesser de vous en appliquer durant le repas?

-Ce n'est pas du parfum! C'est un parfum à 900 euros la bouteille. Ces ploucs ne savent pas la chance qu'ils ont d'être dans mon sillage.

– J'aime vivre dans les palaces. Les repas y sont servis quand je le désire. Le ménage y est fait quotidiennement, il y a tout un personnel à ma disposition. Il n'y a qu'à l'hôtel que je suis un époux comblé.

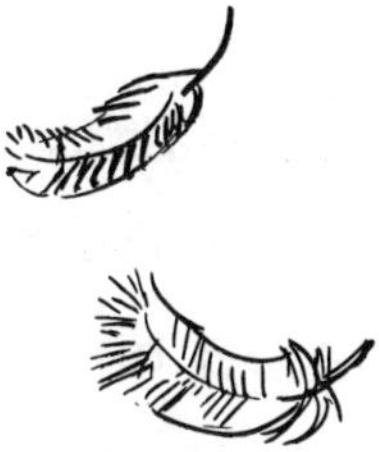

– Je souhaite changer de chambre, mon lit a la tête au sud, ce n'est pas du tout feng shui !
– Bien, Madame, nous allons vous installer dans notre suite bungalow à côté de la piscine.
– À côté de la piscine ? Mais c'est encore plus terrible d'un point de vue feng shui !
– C'est notre plus belle chambre, vous savez.
– Bon, alors, au diable cette connerie de feng shui !

INCROYABLE MAIS VRAI !

La chambre d'hôtel la plus chère du monde vous coûtera 53 000 $ la nuit. C'est la suite n° 8 de l'Hôtel Président Wilson à Genève. Cette suite de 1 800 m² occupe l'intégralité du huitième étage de l'hôtel. Elle est composée de 12 chambres, 12 salles de bains en marbre, d'une terrasse de 1 700 m² avec une vue imprenable sur le lac.

Deux copines déjeunent à la terrasse du Martinez.

- En entrée, je vais prendre une « sfoglia di pasta cannolo siciliano con ragu di melanzane e menta ».

- C'est quoi ?

- Aucune idée mais je me trouve sexy quand je parle italien.

– Faites-moi le cocktail de votre choix. Mais, mettez-y du rhum, de l'ananas et du lait de coco.

– Vous désirez une Piña Colada ?

– Ah non, je veux quelque chose de plus spectaculaire.

–À quand remonte la dernière fois où tu as cuisiné ?
–Février… 2000.

–Garçon ! Vos glaçons sont bien trop froids !

INCROYABLE MAIS VRAI !

La part de gâteau la plus chère du monde vous coûtera 730 euros. Vous pourrez la déguster au Palais Ciragan d'Istanbul. La préparation de ce « Gâteau du Sultan » nécessite plus de 70 heures de travail. Il est composé de figues, de coings, d'abricots et de poires ayant trempé dans un rhum jamaïquain au moins 2 ans. La garniture est composée de caramel, de truffes noires et, bien entendu, il est recouvert de fines feuilles d'or.

Une petite vieille interpelle le maître d'hôtel :

–C'est une honte, il n'y a pas de fruits de mer dans votre brunch !

–Aucun problème, Madame, je peux vous proposer une assiette de fruits de mer, rien que pour vous.

–C'est inutile, je déteste les fruits de mer.

Dans un restaurant quatre étoiles…

–Votre Ketchup est-il naturel ?

Dans un restaurant parisien…

-Vous avez de la coke ? Je veux dire des coques au menu ?

Un serveur du restaurant la Palme d'or à Cannes propose à un client :

– Nous vous proposons en premier mouvement...
– En premier mouvement ?
– En entrée, la carotte nuancée, tige, peau et texture, une gourmandise en trois temps.
– Bref, c'est une assiette de carottes à 130 euros ?
– Oui, Monsieur.

Une riche cliente suisse demande à un serveur :

- Vous dites que vos pâtisseries sont « faites maison ». Quel intérêt pour moi de prendre des pâtisseries que j'aurais pu faire moi-même si j'avais su cuisiner ?

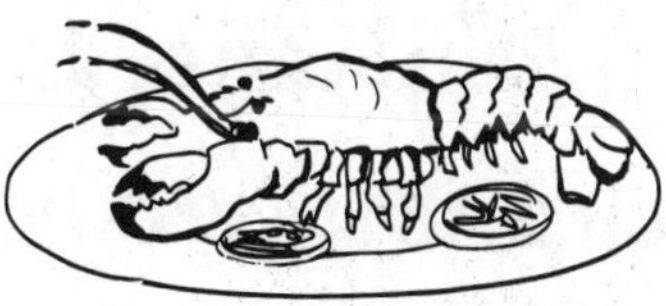

Une femme d'affaires américaine appelle le serveur d'un bar d'hôtel :

- Il y a bien trop de bulles dans mon eau pétillante.
- Laissez-la s'aérer quelques instants, Madame.
- Si vous croyez que j'ai du temps pour cela !

– Que souhaitez-vous prendre comme apéritif ?
– Un Doliprane, je dois déjeuner avec ma belle-mère.

–Qu'est-ce que votre burger revisité ?

–C'est un burger bien moins calorique que les burgers. Il n'y a ni pain ni matière grasse.

–En gros, c'est un steak haché et une tomate ?

Un client américain demande au maître d'hôtel :

–Vous avez des champignons qu'on mange à Paris ?

–Des champignons de Paris ?

–Non, des truffes.

Deux amies anglaises petit-déjeunent dans un palace parisien.

–Champagne !
–Il n'est que 8 heures du matin.
–Tu as raison. Garçon ! Des croissants et du champagne.

Une cliente d'un certain âge appelle le maître d'hôtel :

-Avez-vous du bœuf bourguignon?
-Non, nous n'avons malheureusement pas ce plat à la carte.
-C'est terrible! Mon yorkshire ne mange que du bœuf bourguignon.
-Je vais demander au chef de lui préparer un petit quelque chose.
-Pas un petit quelque chose, s'agace la cliente, du bœuf bourguignon!

– Est-ce qu'il y a des fruits de mer dans votre assiette de fruits de mer ? J'y suis allergique.

Deux femmes prennent un thé dans le salon du *George V.*

- Il n'y a pas de prix sur la carte ?
- Chérie, quand on demande le prix, c'est que l'on n'a pas les moyens de venir ici.

Une Anglaise demande au barman du Mandarin Oriental :

- Qu'avez-vous comme thé ?
- Du thé vert, du Darjeeling, un excellent...
- Laissez tomber, donnez-moi une tequila.

Deux copines dînent dans un restaurant étoilé.

– Le chef ne veut pas qu'on fasse des photos de ses plats et qu'on les mette sur Instagram.

– Quel est l'intérêt de manger sans l'avoir photographié avant ?

Un maître d'hôtel informe un couple de clients américains :

– Notre chef offre une expérience culinaire unique et sensorielle dans un cadre idyllique…

– Ok, mais est-ce qu'il sert à manger ?

SO FASHION !

Mannequins, robes haute couture, accessoires *must have*... nous vous proposons, dans ce chapitre, un voyage glamour dans les coulisses des plus grands défilés haute couture, dans les boutiques de luxe de l'avenue Montaigne, dans les plus beaux dressings de nos amis les millionnaires. Un univers aussi feutré, codifié que caricatural mais toujours aussi drôle et particulièrement vachard.

– *Vogue* a fait une page entière sur ce spa.
– Que disait l'article ?
– Chérie, *Vogue* est un magazine qui se regarde, pas un magazine qui se lit.

– J'ai acheté mon sac Prada en solde. Si tu le répètes à qui que ce soit, je te tue.

- Ce ne sont pas des bijoux mais de la joaillerie !

– Je n'ai pas besoin de faire des courses. Je ne mange jamais !

- J'adore ta montre.
- Ne m'en parle pas ! J'ai vu un footballeur porter la même. Je n'ai plus qu'à la jeter.

- Pour ses 14 ans, j'ai offert à ma fille une rhinoplastie. La pauvre, elle avait le même nez que ma belle-mère.

– Je vis dans un palace
à l'année. Je vais avoir
du mal à me réhabituer
à la vie réelle.

– J'adore mon psy,
c'est le seul à qui je peux
parler de moi pendant
des heures sans le lasser.

Une femme interpelle le maître d'hôtel :

– Maître d'hôtel ! Une femme porte la même robe que moi. Pouvez-vous lui demander de déjeuner ailleurs ?

– Je ne suis pas alcoolique, je ne bois que du champagne millésimé et des grands crus. Les alcooliques sont des gens qui boivent de l'alcool de piètre qualité.

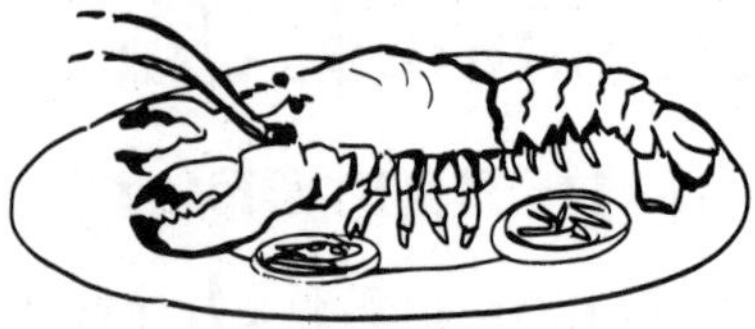

-Je viens de faire un soin
Expert minceur au spa.
-Et tu as l'impression d'avoir
un peu perdu?
-Oui, 2 heures et 250 euros.

– Il paraît que le Pape François
est déjà descendu dans cet hôtel.
– Je croyais qu'il n'aimait pas
le luxe.
– Tu parles ! Je te rappelle
que les plafonds de sa résidence
romaine ont été peints
par Michel-Ange !

- J'adore ces fauteuils Stark.
Le gros inconvénient est qu'ils ne sont pas du tout confortables.
- Mais enfin, un fauteuil Stark n'est pas fait pour être confortable.

- J'ai 1000 paires de chaussures. Faut que je fasse une cure de désintox.

– *Comment dit-on Vodka Redbull en français ?*

« Je me souviens d'une créatrice qui disait que ses robes n'étaient portées que par des femmes intelligentes. Évidemment, elle a fait faillite. »

KARL LAGERFELD

– Je suis désespéré, mon fils a un dressing de 100 m^2 et il s'habille comme un zadiste !

– Elle est tellement fauchée qu'elle a loué sa villa pour qu'on y tourne une téléréalité.

-Mon parfum est un parfum unique au monde, fait sur-mesure. Il n'y a que moi qui le porte.
-C'est une bonne nouvelle.

– Je viens de croiser Beyoncé dans l'ascenseur.
– Vous vous êtes parlé ?
– Oui, je lui ai dit « hello » et elle m'a répondu « hello ».
– C'est bien de pouvoir avoir de vraies conversations avec des stars.

Deux vieilles dames prennent le thé au *Crillon*.

- C'est BHL à l'accueil ?
- Ça m'étonnerait, il porte une chemise noire.

- Je ne prends les ascenseurs que pour me voir dans les miroirs.

– Je vais reprendre une coupe de champagne. Je suis comme un iPhone, j'ai besoin d'être rechargé régulièrement.

– J'ai des goûts très simples. Il m'est déjà arrivé de dormir dans un trois étoiles.

Deux femmes d'un certain âge discutent dans le lobby d'un palace parisien :

– J'aime bien les femmes voilées qui portent un sac Prada.
– Ah oui, pourquoi ?
– Je trouve que leur tenue fait bien ressortir le sac.

– J'arrive toujours à m'accommoder d'un luxe supplémentaire, c'est la principale de mes qualités.

-Avant, j'allais régulièrement dans ce palace mais, un jour, j'y ai croisé des gens de la téléréalité. Je n'y ai plus mis les pieds.

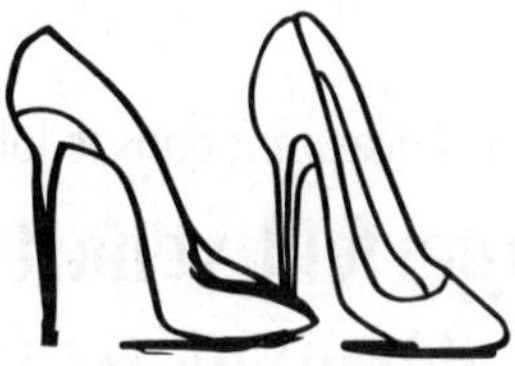

Deux amies boivent un verre au bar du *Ritz* :

– C'est dingue ! Une cliente sur trois porte des Louboutin aux pieds. C'est devenu aussi commun que les mocassins à glands chez les centristes.

– Ce que j'aime dans la nouvelle décoration du Royal Monceau, c'est son côté artiste bohème mais artiste bohème sans problème financier.

Deux vieilles dames discutent dans le lobby du *Raphael*.

- Karl Lagerfeld venait souvent déjeuner ici.

- Ça ne doit pas être très copieux.

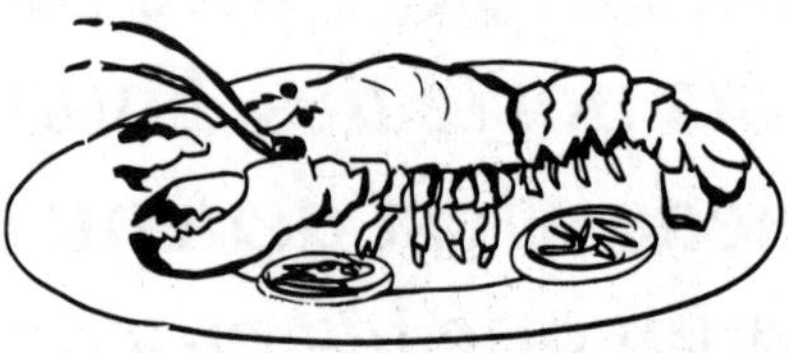

Une femme d'affaires croise une autre femme dans le lobby.

– Bonjour, ma chérie. Il faut absolument qu'on se cale un déj' toutes les deux.

Une fois éloignée, une amie lui demande :

– Qui est-ce ?

– Aucune idée, mais j'ai l'impression qu'elle, elle me connaît.

–J'ai tellement faim que je mangerais du gluten !

DANS UN BAR FASHION,
ON NE DIT PAS : JE SUIS BARMAN.
ON DIT : JE SUIS MIXOLOGISTE.

Deux clientes d'un certain âge discutent dans le lobby d'un palace parisien :

–C'est Catherine Deneuve au bar ?

–La blonde habillée en noir et blanc ?

–Oui.

–Ça m'étonnerait qu'elle soit devenue barman.

INCROYABLE MAIS VRAI !

Au superbe hôtel *Les Airelles*, à Courchevel, une calèche habillée de cuir Hermès descend les clients du Jardin alpin jusqu'aux magasins de joaillerie de la station.

- Le luxe
quand il est abordable
fait tout de suite
moins luxe.

– Ce n'est pas parce que je sais que je suis supérieur à 99 % de la population que je suis snob.

– Quand je pense qu'il y en a qui préfèrent manger dans un self alors que, pour moins de 120 euros, on peut se payer un déjeuner comme celui-là !

Un directeur de palace
fait visiter son établissement
à un riche client.
- Nos artisans mettent
une centaine d'heures pour
dorer chaque chaise à l'or fin.
- Mon Dieu, qu'ils doivent
être lents.

– Le mec d'une copine
lui a offert un bijou
de chez Swarovski.
Elle l'a quitté direct !

–J'adore les truffes.
J'en mets même
dans mon café.

–Je pense être
la dernière personne
en vie à avoir vu
Kate Moss manger
un burger.

–J'ai dépensé 1 000 euros pour
m'acheter un nouveau maillot
de bain, mais il ne va pas du tout
avec la couleur des transats.

-Soit mon mari a une maîtresse,
soit il a vraiment décidé
de devenir champion de golf
en s'entraînant tous les jours.

Deux amies boivent un verre au bar du *Ritz*.

– C'est Anna Wintour qui est assise à la table là-bas ?
– Non, impossible, tu vois bien qu'elle sourit.

– Ta femme a rajeuni de 20 ans.
C'est quoi, son secret ?
– T'es con ou quoi ? Ce n'est pas
ma femme, c'est ma maîtresse.

- Regarde ! Mon nouveau sac
Balenciaga. Il fait tellement
authentique qu'on dirait
un cabas pour faire
les courses.

– Tu gardes ta Rolex pour aller au spa ?
– Oui, la dernière fois on m'a facturé une heure de massage pour seulement 50 minutes effectives !

–J'ai arrêté de fréquenter le bar du Ritz. À chaque fois, je pensais à Diana et ça me donnait le cafard.

Une femme demande à la réception de son hôtel :

– Il me faut un « personal shopper » de toute urgence. Mon mari m'a laissé sa carte bleue pour l'après-midi et je veux optimiser au maximum mon temps d'achat.

– J'ai un rendez-vous pour mes sourcils à 10 h et une manucure à 14 h. Je suis overbookée.

– Mon assistante est une idiote. Je lui ai demandé de me réserver deux nuits à Antibes. Elle m'a pris un hôtel aux Antilles !

– Dans la salle d'attente de mon médecin, il y a du champagne à volonté.

INCROYABLE MAIS VRAI !

Une paire de chaussures, faites de cuir, de soie, d'or et de diamants, a été proposée à la vente à Dubaï pour la somme de 17 millions de dollars, un record absolu.

La paire d'escarpins à talons aiguilles est exposée au Burj al-Arab, l'un des palaces de la cité-État du Golfe.

Les chaussures ont été conçues et créées en Italie, avec 236 diamants, ainsi que deux diamants sans défaut de 15 carats chacun.

– Je me sens aussi vide que le cerveau d'une star de téléréalité.

– Je ne me fais poser mon vernis à ongles qu'au spa du Meurice. Seuls eux arrivent à magnifier mes orteils.

– Sans mon sac Chanel, j'ai l'impression d'être à poil.

–Y a-t-il dans les environs un petit marché local, bien typique, avec des gens mal habillés comme on en voit dans le 13 h de Jean-Pierre Pernaut?

–J’achète mes chemises à Milan, mes costumes à Londres et mes cravates à Paris.
–Le bilan carbone de votre dressing doit être abominable.

Deux amies se racontent leur week-end:

–Comment était la plage de l’hôtel?
–Il y avait une boutique Saint Laurent entre l’hôtel et la plage, autant te dire que je n’ai pas mis les pieds sur le sable.

-Il t'a offert quoi,
pour ton anniversaire ?
-Encore des diamants !
-Les hommes n'ont
aucune imagination !

MONEY, MONEY

Si vous avez, dans votre portefeuille, une carte bleue Visa ou bien même une carte Visa Premier, vous n'êtes pas invité dans ce chapitre. Pour pouvoir le lire, il ne vous reste plus qu'à commander à votre banquier une carte American Express Centurion. Contre une petite cotisation annuelle de 3 000 euros, vous pourrez alors dépenser jusqu'à 250 000 dollars par an sans que la carte ne rejette l'achat. Sinon, si vous avez au moins 30 millions de dollars en banque, vous pourrez demander la Palladium JPMorgan. Parlons maintenant d'argent, de flouze, de pépètes, de pognon, d'oseille, de fraîche, de grisbi... bref, vous l'avez compris, ce chapitre est consacré aux perles sur l'argent.

– Il a tellement peur du fisc que pour aller à Zurich, il prend ses billets en classe éco.

– Il a fait fortune dans quoi, ton mec ?
– Aucune idée. On ne parle jamais boulot.

- Il y a des jours
où je m'ennuie tellement
que j'ai presque envie
de travailler.

**- Tu as combien
sur ton compte bancaire ?
- C'est bien une question
de pauvre !**

INCROYABLE MAIS VRAI !

Lorsque le génial Salvador Dali séjournait, durant un mois, chaque année, à l'hôtel *Meurice* à Paris, il insistait pour ne pas se séparer de ses deux léopards. Le peintre avait aussi l'habitude de jeter des pièces depuis son balcon sur la rue de Rivoli pour que les gens puissent « rouler sur l'or ».

– Je me souviens du temps où j'étais pauvre et où je ne descendais que dans des Hilton.

–J'ai été trahie par
ma meilleure amie !
–Elle est partie avec
ton mec ?
–Pire ! Elle vient
d'engager ma bonne.

–J'ai été raisonnable, hier, en boîte de nuit. Je n'ai claqué que 10 000 euros.

–Tu cotises, toi, pour ta retraite ?
–Aucune idée. Il faut avoir un travail ou pas ?

Un homme donne ses clefs au voiturier du Mandarin Oriental.
-Ne garez pas ma Lamborghini à côté d'une Ferrari, ma voiture est très jalouse.

– Mon mari aime bien marchander. Ça lui rappelle le temps où il était pauvre.

- Mon mari est féru d'art contemporain. Il achète des dizaines d'œuvres par an pour les défiscaliser.

- Ma carte magnétique ne fonctionne pas ! Regardez, la porte ne s'ouvre pas.
- Monsieur, c'est votre carte American Express, pas votre carte magnétique que vous avez en main.

– Regarde le salaud
à la table d'à côté !
Il a laissé un pourboire
de 100 dollars,
juste pour que je passe
pour un radin !

Un serveur interpelle un client désagréable :

– Monsieur, vous êtes grossier !
– À 250 euros le menu, c'est
mon droit !

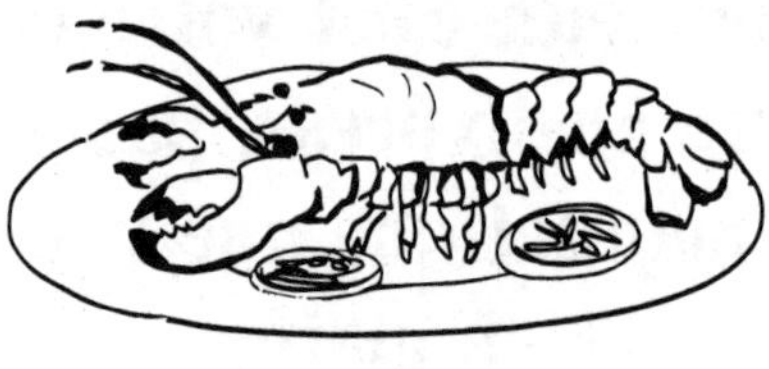

– Le vrai luxe, c'est de se faire construire une piscine extérieure à Deauville. 50 000 euros pour 3 jours de soleil annuels.

– Je ne supporte plus de rouler dans Paris ! Mon chauffeur est au bord de la crise de nerfs à cause des embouteillages.

-En un an, j'ai perdu
1/3 de ma fortune!
-Crise des subprimes?
-Non, divorce.

Deux femmes d'un certain âge discutent dans le lobby d'un palace parisien :

– Je suis allée voir le dernier film des frères Dardenne.
– Et alors ?
– Alors, je me suis dit que je détesterais être pauvre.

– Ma fille veut se lancer dans l'humanitaire. Je lui ai acheté une ONG.

- Pourquoi s'embêter à passer son permis quand on peut se payer un chauffeur ?

– J'ai loué Patrick Bruel pour le goûter d'anniversaire de mon ado.
– Elle était contente ?
– Non, elle a fait la gueule. Par contre, ma femme était aux anges.

INCROYABLE MAIS VRAI !

Il y a quelques années, un riche client anglais a voulu, pour célébrer ses 50 ans, la présence d'une trentaine de vrais pingouins à sa soirée. En moins de 48 heures, les services du palace où il résidait ont réussi à trouver 30 pingouins et à faire en sorte que le sol de la salle à manger soit réfrigéré à moins 1 °C pour ne pas déstabiliser les animaux. Coût total de ce caprice polaire : 17 000 euros pour la soirée.

Deux femmes se croisent dans le lobby du *Negresco*.

–Ma chérie, toi aussi tu es descendue dans cet hôtel ?
–Oui, il y a un congrès de chirurgiens et je recherche un nouveau mari.

–Mon chauffeur n'a plus que deux points sur son permis. Je vais devoir le virer très vite.

–Le Casino de Monte-Carlo me fait toujours penser à mon ex-femme.
–Pourquoi ? Vous vous y êtes rencontrés ?
–Non mais comme lors de mon divorce, à cause de lui, j'ai perdu la moitié de ma fortune.

-Mon fils vient de monter une start-up.
-Dans quel domaine?
-Aucune idée. Mais ça nous coûte 100 000 tous les mois.

– Je ne bois que de l'eau dont le prix comporte 3 chiffres.

– Mon pire investissement, acheter une île déserte. J'ai été obligé de faire la conversation à ma femme durant toute une semaine !

Deux clients parlant d'un autre client :

- C'est un homme très branché écologie. Il coupe le moteur de sa Ferrari quand il est arrêté à un feu rouge.

Citation de milliardaire :

« Qui peut compter ses millions n'est certainement pas milliardaire. »

JOHN-PAUL GETTY

–J'adore le jeu. D'ailleurs, pour être sûr de gagner à tous les coups, je viens d'acheter un casino.

–J'ai beau habiter à 200 mètres des Champs-Élysées, je n'y mets jamais les pieds. C'est bien trop populaire.

– Quel est l'intérêt d'être riche si c'est pour élever ses enfants soi-même ?

Un couple de « nouveaux riches » s'installe dans sa suite.
L'homme demande à sa femme :

-On donne encore
des pourboires aux bagagistes?
-Oui, pourquoi?
-C'est donc pour cela
qu'il m'a tendu la main...

Un homme d'affaires français appelle la réception :

– Je paie 700 euros la nuit et il n'y a même pas de téléviseur dans ma chambre !

– Monsieur, l'écran du téléviseur est camouflé derrière un tableau de maître.

- Mon fils fait des études à l'étranger.

- En Suisse ?

- Bien sûr, en Suisse. Pas au Mali !

- J'ai acheté une galerie pour que ma femme expose ses œuvres.
- Elle a du talent ?
- Non, mais ça l'occupe.

– Dans ma nouvelle villa, j'ai 10 chambres d'amis.
– Tu as des amis, toi ?
– Non, juste les chambres.

– Pour occuper ma femme, je lui ai confié la décoration de notre nouvel appartement à Manhattan. Ça va être moche mais au moins j'ai un peu de tranquillité.

– Vous avez combien d'employés dans votre personnel ?
– En comptant les Philippins ?

Deux seniors discutent au bar d'un hôtel :

– Je compte en anciens francs.
– Moi, je n'ai jamais compté de ma vie et je ne vais pas commencer à mon âge.

-J'ai arrêté la cigarette,
ça coûte trop cher.
Je ne fume plus que
des cigares cubains.

*– J'hésitais entre une Porsche
et une Ferrari, mon père
m'a acheté les deux.*

VOYAGE DE RÊVE

Et si nous partions en vacances ? Non, pas au camping municipal de Berck-sur-Mer dans le Nord-Pas-de-Calais, même s'il doit être charmant et pittoresque. Louons plutôt une villa de rêve à Saint-Barth avec sa piscine à débordement, naviguons sur un yacht dans les eaux cristallines des Antilles françaises, ou bien descendons, pourquoi pas, une piste de ski à Gstaad avant de boire une coupe de champagne dans un chalet de luxe. J'espère que votre passeport est en cours de validité, le jet privé n'attend plus que vous pour décoller à destination de ces perles de voyages grand luxe.

-Cet été, j'ai amarré mon yacht dans le port de Saint-Trop'. Le bateau à côté du nôtre était bien plus gros. Je n'ai jamais été aussi humilié de ma vie.

À la réception d'un hôtel…

– Votre piscine intérieure est sublime, elle me rappelle celle de mon chalet à Megève… en plus petite.

Une cliente à la réception d'un palace antillais :

- Il y a bien trop de sable sur votre plage, on en a partout entre les doigts de pied.

- J'ai eu peur, j'ai croisé un gilet jaune à Saint-Barth. Mais en fait, c'était juste un agent de la DDE (direction départementale de l'équipement).

– Cet hôtel est tellement romantique ! Il me donne envie d'y passer un week-end en amoureux.
– Tu n'as qu'à y réserver une chambre pour un week-end avec ta femme.
– J'ai dit « en amoureux » !

Une femme italienne confie à une amie :

– J'ai déjà fait l'amour sur la peau de bête, devant la cheminée, de cet hôtel.
– Mais la cheminée de l'hôtel n'est-elle pas dans le lobby ?
– Oui mais il était 3 heures du matin.

– J'ai loué le yacht de Johnny Depp le mois dernier. Je n'ai jamais vu un mini bar aussi grand.

–Je fais très attention à mon bilan carbone.
–Tu voyages moins ?
–Non, j'ai juste mauvaise conscience.

Une jeune cliente appelle le directeur d'un palace :

–Si je poste des photos de l'hôtel sur Instagram, ai-je droit à 50% de réduction?

Une vieille Américaine se promène dans les jardins d'un palace genevois.

– Jardinier !
Comment appelez-vous ce bonsaï géant ?
– Un arbre, Madame.

– Je suis morte.
Je n'ai pas pris de vacances depuis au moins un mois !

Un touriste demande au concierge du *Crillon*:

- À quelle heure ferment les Champs-Élysées ?

– J'ai beau avoir
un jet privé, je suis
profondément engagé
pour l'écologie.
La preuve, parmi mes
dix voitures,
j'ai une Tesla.

Deux copines discutent de leur dernier week-end :

– De ta chambre, tu avais une belle vue sur le lac de Côme ?
– Aucune idée. J'ai passé le week-end sur ma tablette.

Une richissime cliente suisse en villégiature sur la Côte d'Azur demande à un concierge :

– Savez-vous s'il y a un camping aux environs ? J'aimerais le montrer aux enfants, ils n'en ont jamais vu en vrai, les pauvres.

– Allez, viens, on va faire un tour chez Leclerc, juste pour voir ce que ça fait !

– Monaco, c'est mon Disneyland à moi !

– Je ne sais pas quoi offrir à ma femme. Elle a tout !
– Offre-lui un week-end romantique.
– Avec qui ?

Une riche Américaine appelle le service de chambre d'un palace cannois :

- Pouvez-vous brancher la climatisation ?
- Mais vous êtes en terrasse, Madame.
- Et alors ?

- Quel est le code pour le Wi-Fi sur la plage ?

Un homme, visiblement ennuyé, demande
à la réception du *Majestic* :

– Ma femme veut
absolument faire
une sortie en mer.
– Je vous préviens,
la météo est capricieuse,
lui répond le réceptionniste.
– Peut-être mais pas autant
que ma femme.

Un homme interpelle le personnel de l'hôtel :

–Je ne comprends pas, il n'y a aucune star qui est descendue dans ce palace pour le festival ?
–Monsieur, vous êtes à Nice, pas à Cannes.

–Je reviens de Shanghai. Eh bien, crois-moi, les communistes aussi ils aiment le luxe.

INCROYABLE MAIS VRAI !

Le Peninsula, le palace mythique de Hongkong, compte 14 Rolls-Royce à ses couleurs pour accueillir ses clients fortunés tandis que son concurrent voisin de Macao, le Louis XIII, a établi un nouveau record lors de son ouverture en 2016 avec pas moins de 30 Rolls. Des modèles personnalisés ultra luxueux.

– J'ai passé le week-end en Normandie.
– À Deauville ?
– Bien sûr à Deauville ! Tu connais une autre ville civilisée dans cette région ?

– Je ne vais jamais
à Monaco durant le Grand Prix.
Les palaces y sont bondés.
De vrais hôtels Formule 1 !

– Les journalistes disent n'importe quoi ! On raconte, par exemple, que les Indiens sont pauvres. Au printemps dernier, j'ai séjourné dans un palais de maharadjah, croyez-moi, l'Inde est un pays très riche.

- Ce massage m'a fait un bien fou. Ces vacances m'épuisent.

- J'ai loué un yacht à Saint-Tropez.
- Je croyais que tu détestais naviguer ?
- Oui, c'est vrai, mais c'est juste pour rester au port et voir les yeux envieux des touristes passant devant notre bateau.

– Je suis très inquiet
à cause du réchauffement
climatique.
– Tu es écolo, maintenant ?
– Non mais j'ai une île
aux Maldives et j'ai peur
qu'elle soit submergée.

INCROYABLE MAIS VRAI

Au cours de l'été 2010, à Saint-Tropez, un riche client russe demande un devis à un concierge d'hôtel pour faire tirer un feu d'artifice d'une demi-heure sur la plage.
Lorsqu'il reçoit le devis, fou de rage, il fait un scandale, hurlant que l'année précédente, le même feu d'artifice ne lui avait pas coûté aussi cher. Après enquête, il s'est avéré que ce qui avait été vendu au client russe était le feu d'artifice municipal du 14 juillet que le client pensait lui être exclusivement destiné.

– Est-il possible de faire venir des dauphins dans la piscine ? Ça ferait tellement plaisir à ma fille.

Un client du Golfe se plaint auprès du directeur :

– Vous avez précisé que la mer était à 50 mètres de la villa. Or, le matin, elle est bien à 50 mètres mais l'après-midi, il faut parcourir plus de 300 mètres !
– Oui, Monsieur, c'est le principe des marées.
– Marées ou pas marées, faites quelque chose ! Ce n'est pas à moi de m'adapter à ce phénomène naturel.

Un client de palace parisien demande au concierge :

– Y a-t-il des liaisons entre Paris et le Mont Saint-Michel en Orient Express ?

-Pouvez-vous faire tirer le feu d'artifice en intérieur, il fait bien trop froid pour sortir sur la plage.

Un client appelle la réception :

– Bonsoir, j'ai réservé une table pour deux en terrasse devant l'océan. Je risque d'arriver en retard. Pouvez-vous décaler le coucher de soleil de quelques minutes ?

INCROYABLE MAIS VRAI !

Si vous cherchez la plus grande suite d'hôtel au monde, vous devez vous rendre en Tunisie, à Hammamet, dans le complexe hôtelier 5 étoiles, l'Hasdrubal, et réserver la « villa présidentielle Salammbô ». Cette suite s'étend sur près de 1 542 m^2 et comprend une entrée indépendante avec garage et parking privé, cinq chambres spacieuses avec salons et salles de bains avec vue sur la mer. Ajoutez à cela un grand salon d'honneur et trois salons privatifs, une salle à manger pour 14 personnes, un bureau, des piscines extérieure et intérieure, un spa, un hammam et une salle de gymnastique…

– Monaco, c'est un peu comme le XVIe arrondissement, mais avec la mer.

- Je suis allé sur la dune du Pilat. C'est épuisant. Ils pourraient tout de même y installer un escalator !

Une cliente du Golfe demande au directeur de l'hôtel *Martinez*:

– Lavez-vous le sable chaque nuit ? L'idée que des gens y aient déjà posé leurs pieds nus me dégoûte.

INCROYABLE MAIS VRAI !

L'hôtel Cheval Blanc aux Maldives, un des plus beaux hôtels du groupe LVMH, dispose de son propre hydravion pour que ses clients commencent leur séjour dans les meilleures conditions. Une logique poussée à l'extrême par la chaîne Four Seasons qui s'est offert un jet privatisable pour véhiculer une clientèle fortunée entre les différents palaces de la chaîne ou bien disponible pour faire des tours du monde.

– Le problème avec
les millionnaires russes,
c'est qu'en vacances,
ils se comportent
comme des ploucs.

À la réception :

– Nous vous avons réservé la chambre 455.
– Non, je n'aime pas le chiffre 5.
– La 403 est libre.
– Non, vous n'auriez pas un chiffre pair ?
– Il ne me reste plus que la 202 mais elle n'a pas une vue mer.
– Ah... Alors c'est ok pour un chiffre impair.

– Je vais aller passer une semaine dans un palace de Genève pour me reposer de mon séjour à Rome. Les Italiens sont si bruyants !

-Alors, il est comment
ce nouveau palace de Megève?
-Formidable. Tellement
rustique et typique qu'on
a l'impression de dormir
chez l'habitant.

– Il y a des pauvres qui se baignent sur la plage privée de l'hôtel.
– Monsieur, nous ne pouvons privatiser qu'une partie de la plage, pas l'océan.
– Et pourquoi cela ?

INCROYABLE MAIS VRAI !

Dans le sultanat d'Oman, au Zighy Bay, un palace de la chaîne Six Senses, spécialisé dans le luxe écolo, les hôtes ont la possibilité d'effectuer leur *check-in* en parapente ! Difficile d'accès, l'hôtel peut être rejoint par la mer, en 4x4 ou par les airs accompagné d'un moniteur.

Un client allemand demande à la réception d'un 5 étoiles de la Côte d'Azur :

– Est-il obligatoire de prendre un bateau pour se rendre sur l'île de Porquerolles ?

- Je n'ai pas aimé la Polynésie. Il faut faire des heures d'hydravion pour se rendre à ne serait-ce qu'une petite boutique Prada.

Deux amies discutent dans le lobby du Peninsula à Paris :

– Je ne vais plus aux USA depuis que Trump est président.

– C'est ta façon à toi de t'opposer à sa politique ?

– Non, c'est juste que le pays fait moins chic.

–J'ai été très déçu par
ma thalasso à Biarritz.
Il n'y avait que des vieux.
–Pour croiser des jeunes,
il vaut mieux passer
le mois de juillet à Ibiza
que le mois d'octobre
en cure.

– Mes enfants ont peur des poissons. Pouvez-vous me certifier qu'il n'y en a pas dans la piscine de l'hôtel ?

À la réception d'un hôtel de luxe sur la côte atlantique :

– Il pleut depuis le début de mon séjour, ce n'est pas digne d'un palace. Faites quelque chose, bon sang !

INCROYABLE MAIS VRAI !

Au Gstaad Palace en Suisse, un richissime client américain de petite taille qui ne pouvait pas admirer la vue sur les Alpes suisses a obtenu qu'on fasse rehausser le sol de sa chambre de 60 cm.

-Paris m'épuise,
la campagne m'emmerde,
la montagne m'angoisse
et la mer me déprime.
C'est un vrai casse-tête
pour moi de choisir un lieu
de villégiature.

– Je vous présente notre directrice, elle est polyglotte.

– Enchantée, Polyglotte. D'où vient cet étrange prénom ?

- Formentera, c'est un peu comme la Corse mais sans les Corses.

- Je reviens des Maldives.
- C'était bien ?
- Si on aime le luxe, le calme et les eaux turquoise, oui.

Des mêmes auteurs, aux éditions Leduc.s :

9,90 €

192 pages

9,90 €

192 pages

Cet ouvrage est composé de matériaux issus
de forêts gérées durablement certifiées PEFC™.
Le Programme de reconnaissance
des certifications forestières (PEFC™)
est le plus grand organisme mondial indépendant
de contrôle pour une gestion durable des forêts.
Pour en savoir plus, consultez le site
www.pefc-france.org

PEFC™ PEFC/14-38-00277

Achevé d'imprimer en octobre 2020
par Novoprint
Dépôt légal : novembre 2020
Imprimé en Espagne